Vente E. CREUSY

Les Mardi 16, Mercredi 17 et Jeudi 18 Février 1897

A DEUX HEURES PRÉCISES

DANS UN LOCAL

8, RUE CHARLOT, 8

MODÈLES

POUR

BRONZES D'ART ET D'AMEUBLEMENT

Avec droit de reproduction

PROVENANT

De la Maison E. CREUSY

Fabricant de bronzes à Paris

PAR SUITE DE CESSATION DE FABRICATION

EXPOSITION PUBLIQUE

Les Dimanche 14 et Lundi 15 Février 1897

DE 10 HEURES DU MATIN A 4 HEURES DU SOIR

COMMISSAIRE-PRISEUR

Mᵉ Frédéric LECOCQ

Rue Richer, 41

EXPERTS

M. A. DACHERY	M. LE MAIRE DEMOUY
7, Rue des Filles-du-Calvaire	Rue de l'Université, 10

PARIS — 1897

IMPRIMERIE MAULDE ET RENOU

MAULDE, DOUMENC & Cie

IMPRIMEURS DE LA COMPAGNIE DES COMMISSAIRES-PRISEURS

Rue de Rivoli, 144

CONDITIONS DE LA VENTE

—

Elle sera faite **au comptant**.

Les Acquéreurs paieront **cinq pour cent** en sus du prix d'adjudication.

Ils seront tenus de prendre la **Fonte brute** existant pour certains modèles, au prix de **2 fr. 50 le kilogramme**.

Le **Poids de fonte** sera indiqué au moment de la mise en vente de ces modèles.

La **livraison** mettant les acquéreurs à même de vérifier l'état des objets vendus, de même que les quantités ou poids énoncés, il ne sera admis aucune réclamation une fois la **livraison opérée**.

—————

TABLE

—

Maulde, Doumenc et Cie, imprimeurs de la Cie des Commissaires-Priseurs,
rue de Rivoli, 144   600—64076

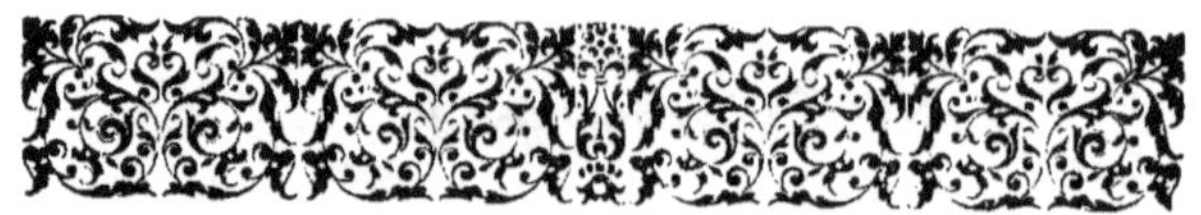

DÉSIGNATION

—

GARNITURES DE CHEMINEE

1 — Pendule **gothique**.
2 — Candélabre d'accompagnement.
3 — Pendule **gothique**, Charles-Quint.
4 -- Candélabre d'accompagnement.
5 — Pendule style **roman**, Louis XII.
6 — Candélabre d'accompagnement.
7 — Grande Pendule **Renaissance**.
8 — Candélabre d'accompagnement.
9 — Pendule **Renaissance**. n° 2.
10 — Candélabre d'accompagnement.
11 — Pendule **Renaissance**, François Ier.
12 — Bouts-de-Table d'accompagnement, 2 grandeurs.
13 — Pendule **Renaissance**, Pavie.
14 — Bouts-de-Table d'accompagnement.
Éléments pour émaux de Limoges.
15 — Pendule **Renaissance**, Novarre.
16 — Bouts-de-Table d'accompagnement.
17 — Pendule **Renaissance**, Salamandre.
18 — Bouts-de-Table d'accompagnement.
19 — Pendule **Renaissance**, Traviata.
20 — Candélabre d'accompagnement.

47 — Pendule **Louis XIV,** à consoles.
48 — Candélabre d'accompagnement.

49 — Pendule **Louis XIV,** à cariatides.
50 — Candélabre d'accompagnement.

51 — Pendule **Louis XV,** Guirlandes et Oiseaux.
52 — Candélabre d'accompagnement.

53 — Pendule **Louis XVI,** Faunes.
54 — Candélabre d'accompagnent.

CONTANIME, *sculpteur.*

55 — Éléments pour pendule, socle marbre, **Louis XVI.**
56 — Candélabre d'accompagnement.

57 — Éléments pour pendule, socle marbre, **Louis XVI.**
58 — Bouts-de-Table d'accompagnement.

59 — Pendule **Louis XVI,** à glaces.
60 — Bouts-de-Table d'accompagnement.

Vente DOMANGE.

61 — Pendule **Louis XVI,** Marie-Antoinette.
62 — Bouts-de-Table d'accompagnement.

Vente DOMANGE.

63 — Éléments pour pendule, marbre à colonnettes,
Louis XVI.
64 — Candélabre d'accompagnement.
Enfant ancien.

65 — Grande Pendule **Louis XVI,** Fontainebleau.
66 — Candélabre d'accompagnement.

Vente LANGUEREAU.
Fondu sur ancien.

67 — Pendule **Louis XVI,** Saint-Cloud, n° 1.

Pendule **Louis XVI,** Saint-Cloud, n° 2.
68 — Candélabre d'accompagnement.

GOUTHIÈRE.
Fondu sur ancien.

— 4 —

PENDULES SEULES

69 — Pendule **Renaissance,** Henri III.
Deux Pieds de pendule.
Éléments pour faïence.

70 — Pendule **Renaissance,** à Dauphins.

71 — Pendule **Louis XV.** Versailles.
Fondu sur ancien.

72 — Pendule **Louis XVI,** Consoles.
Fondu sur ancien.

73 — Pendule **Louis XVI,** lion, n° 1, pieds pour bouts-
de-table d'accompagnement.
Fondu sur ancien.

74 — Pendule **Louis XVI,** lion, n° 2.
Fondu sur ancien.

75 — Pendule **Louis XVI,** Diane.
Fondu sur ancien.

76 — Pendule **Louis XVI,** à glaces.
Fondu sur ancien.

77 — Petite Pendule **Louis XVI,** Enfants accouplés.
Fondu sur ancien.
(Voir flambeau n° 128.)

78 — Pendule **Mignonnette,** Amour.

79 — Pendule **Louis XVI,** à grand vase, femme et
enfant.
Fondu sur ancien.

80 — Grande Pendule **Louis XVI,** à consoles.
Fondu sur ancien.

81 — Pendule **Louis XVI,** vases et guirlandes.
Fugère, *sculpteur.*

81 *bis* — Pieds de Candélabre d'accompagnement.
Fondus sur ancien.

82 — Petite Pendule **Louis XVI**, deux Enfants.
Fondu sur ancien.

83 — Pendule **Louis XVI**, guirlandes.
Fondu sur ancien.

84 — Pendule **Louis XVI**, socle à guirlandes.

CANDÉLABRES ET BOUTS-DE-TABLE

85 — Grand Candélabre **Louis XV,** Neptune, trois
pieds.

86 — Candélabre **Louis XVI**, Femmes, FALCONET.
Fondu sur ancien.

87 — Candélabre **Louis XVI**, Enfant.
Fondu sur ancien.
Éléments pour flambeaux.
Bouquet 4 lumières.

88 — Bouquets 2 lumières, **Louis XV**.

89 — Bout-de-Table **Enfants chimère** et Flambeau.

90 — Bout-de-Table **Renaissance**, Louis IX.

91 — Bout-de-Table **Louis XV,** 2 lumières, pied à
jours
Fondu sur ancien.
Éléments pour pare-lumière.

92 — Bout-de-Table **Louis XV,** bas.
Fondu sur ancien.

93 — Bout-de-Table Cassolette **Louis XVI**, trois lumières.
Fondu sur ancien.

94 — Petit Bout-de-Table **Louis XVI,** trois lumières.

95 — Bout-de-Table **Louis XVI,** pieds-de-biche.
Fondu sur ancien.

FLAMBEAUX ET BOUGEOIRS

96 — Flambeau **gothique,** Griffon, n° 1.

97 — Flambeau **gothique,** Griffon, n° 2.

98 — Flambeau **gothique,** Griffon, n° 3.

99 — Flambeau **gothique,** Didcron.
Fondu sur ancien.

100 — Flambeau **Charles-Quint.**

101 — Flambeau **Renaissance,** Henri II.

102 — Flambeau **Renaissance italienne,** Centaures.

103 — Flambleau **Renaissance,** Salamandre.

104 — Flambeau **Renaissance,** Buire.

105 — Flambleau **Renaissance italienne,** Dragon.

106 — Flambeau **Mazarin.**

107 — Flambeau **Lion héraldique,** n° 1.

108 — Flambeau **Lion héraldique,** n° 2.

109 — Flambeau **Renaissance,** Dauphin, n° 1.

110 — Flambeau **Renaissance,** Dauphin, n° 2.

111 — Flambeau **Louis XIII,** pieds à pans unis.
Fondu sur ancien.

112 — Flambeau **Louis XIII,** ajouré. Deux pieds.

113 — Flambeau **Louis XIII,** Concini.

114 — Flambeau **Brûle-parfums.**

115 — Flambeau **Louis XIII,** mascarons.

116 — Flambeau **Louis XV,** enfant gaine.

117 — Grand Flambeau **Louis XV,** pied Régence.
Fondu sur ancien.

118 — Flambeau **Louis XV,** bas.
Fondu sur ancien.

119 — Flambeau **Louis XV,** rocailles, n° 1. Trois tailles.

120 — Flambeau **Louis XV,** rocaille, n° 2.

121 — Flambeau **Louis XV,** Gravure.
Fondu sur ancien.

122 — Flambeau **Louis XVI.**
Fondu sur ancien.

123 — Flambeau **Louis XVI,** trépieds têtes béliers.
Fondu sur ancien.

124 — Flambeau **Louis XVI,** colonne chapiteau.

125 — Flambeau **Louis XVI,** colonne à canaux, n° 1.
Fondu sur ancien.

126 — Flambeau **Louis XVI,** colonne à canaux, n° 2.
Fondu sur ancien.

127 — Flambeau **Louis XVI.**

128 — Flambeau **Louis XVI,** groupe deux enfants.
Fondu sur ancien.
(Voir pendule n° 77.)

129 — Flambeau **Louis XVI,** tigettes et guirlandes.
Fondu sur ancien.

130 — Flambeau **Louis XVI.**
Fondu sur ancien.

131 — Flambeau **Louis XVI,** tige unie.

132 — Flambeau **Louis XVI,** canaux torse.
Fondu sur ancien.

133 — Flambeau **Louis XVI,** cassolettes, n° 1.

134 — Flambeau **Louis XVI,** cassolettes, n° 2.

135 — Flambeau **Louis XVI,** cassolettes, n° 3.

136 — Flambeau **Louis XVI**, guirlandes.

                Vente LANGUEREAU.

    Fondu sur ancien.

137 — Bougeoir **Sphynx**, byzantin.

138 — Bougeoir **Tête d'agneau.**

139 — Bougeoir **Renaissance**, Henri II.

140 — Bougeoir **Renaissance**, Chimère.

141 — Bougeoir **Renaissance**, Cariatide femme.

142 — Bougeoir **Renaissance**, Chimère héraldique.

143 — Bougeoir **Louis XIII**, Concini.

144 — Bougeoir **Louis XV.**

145 — Bougeoir **Pavot.**

CARTELS

146 — Grand Cartel **gothique**, horloge, avec pied pour pendule.

147 — Cartel **Renaissance**, Louis IX.

148 — Cartel **Renaissance**, François Ier.
    (Voir pendule n° 11.)

149 — Grand Cartel **Renaissance**, Henri II.

150 — Cartel **Renaissance**, Henri II.
    Réduction du précédent.

151 — Cartel **Renaissance**, Traviata.

152 — Cartel **Renaissance**, Concini.
    (Voir pendule n° 41.)

153 — Cartel **Louis XV**, porte-montre.
    Fondu sur ancien.

154 — Petit Cartel **Louis XV.**
    Fondu sur ancien.

155 — Cartel **Louis XVI**, têtes de bélier.
Fondu sur ancien.

156 — Cartel **Louis XVI**, lauriers et mascarons.
Fondu sur ancien.

LUSTRES ET BRAS

157 — Lustre **moyen âge**.
D'après Viollet-le-Duc.

158 — Lustre **moyen âge**, Louis IX.

159 — Lustre **Renaissance**, François Ier, flamand.

160 — Lustre à **Chimères**.
Éléments pour bras.

161 — Lustre à **Dauphins**.

162 — Lustre **Renaissance**, diamant.

163 — Lustre **hollandais**.

164 — Bras **Renaissance**, François Ier.

165 — Bras **Renaissance**, Louis IX.

166 — Bras **Louis XIII**, fruits.

167 — **Louis XIII,** Chimères.

168 — Petit Bras **Louis XIV**.

169 — Petit Bras **Louis XIV**, mascaron bacchante
Fondu sur ancien.

170 — Petit Bras **Louis XIV**, mascaron.
Fondu sur ancien.

171 — Petit Bras **Louis XV**, 2 lumières.
Fondu sur ancien.

172 — Bras **Louis XV**, 2 lumières.
Fondu sur ancien.

173 — Bras **Louis XV,** à 3 et 5 lumières.
Fondu sur ancien.

174 — Bras **Louis XVI,** couronnes.
Fondu sur ancien.

175 — Bras **Louis XVI,** vase tête de faune.
Fondu sur ancien.

176 — Bras **Louis XVI,** têtes de lion.
Fondu sur ancien.

177 — Bras **Louis XVI,** 2 lumières, à vase.
Fondu sur ancien.

CONSOLES, ENCRIERS, GLACES

178 — Console **Renaissance,** Novarre, n° 1 et n° 2.

179 — **Chimère** pour console.

180 — Console **moyen âge,** Louis IX.

181 — Console **Louis XIII.**

182 — Lampe **Renaissance.**

183 — Lampe **juive.**

184 — Encrier **Renaissance.**

185 — Encrier **Dragon.**

186 — Encrier **Louis XV.**

187 — Glace **Cariatides.**

188 — Glace **Louis XV.**

189 — Base **Louis XV,** pour statuette.
Fondu sur ancien.

190 — Fontaine **Louis XIV.**

191 — Bénitier **Louis XIII.**
Fondu sur ancien.

192 — Bénitier **Louis XV.**

193 — Cadre à miniature **Louis XV.**

194 — Vase **Renaissance**, Richelieu.

195 — Petit Vase **Louis XIV,** formant corps de lampe.

196 — Grand Cache-Pot **Louis XIII.**

197 — Vase **Cigogne.**

198 — Cache-Pot **Louis XIII,** Concini, n° 1.

199 — Cache-Pot **Louis XIII,** Concini, n° 2.

200 — Cache-Pot **Louis XIII,** Concini, n° 3.

201 — **Porte-Carte.**

202 — Porte-Montre **Louis XVI.**

203 — Petit **Porte-Montre,** deux Enfants.

204 — Petit Porte-Montre, **tête de chèvre.**

205 — Coupe **Cyprins.**

206 — Coupe **Louis XIII,** Ordre de la Jarretière.

207 — Coupe **Naïades et Tritons.**

BUSTES, STATUETTES ET GROUPES

208 — Bustes **Jean qui rit, Jean qui pleure.**

209 — Bustes **Antinoüs et Ariane.**

210 — Statuettes **Guerriers Louis IX.**
R. LAGNEAU, *sculpteur.*

211 — Statuettes **Supercherie et Pusillanimité.**
R. LAGNEAU, *sculpteur.*

212 — Statuettes **Hallebardier et Pertuisanier.**
R. LAGNEAU, *sculpteur.*

213 — Statuettes **Maraudeurs.**
LALOUETTE, *sculpteur.*

214 — Statuette **Truand Louis XIII.**

215 — Statuette **Hérault polonais.**

216 — Statuettes **Danseurs.**
Fondu sur ancien.

217 — Statuette **Enfant Silence.**
Par FALCONNET.
Fondu sur ancien.

218 — Statuette **Chanteuse moyen âge.**
AUFRIE, *sculpteur*.

219 — Statuette **Enfant à l'arc.**
Par LEMIRE.
Réduction du Louvre.

220 — Statuette **Amphitrite.**
A. MOREAU, *sculpteur*.

221 — Statuettes **Femmes couchées.**
FALCONNET, *sculpteur*.
Musée de Sèvres.
Fondu sur ancien.

222 — Statuette **Enfant au papillon.**
GARNIER, *sculpteur*.

223 — Groupe **Réveil du printemps.**
KINSBURGER, *sculpteur*.

224 — Groupe **Réveil du printemps.**
Réduction, n° 1.

225 — Groupe **Réveil du printemps.**
Réduction, n° 2.

226 — Groupe **Pêcheuses de crevettes.**
H. MOREAU, *sculpteur*.

227 — Groupe **Fermière.**
H. MOREAU, *sculpteur*.

228 — Groupe **Crépuscule.**
H. MOREAU, *sculpteur*.

229 et suivants : les Modèles non portés au présent
Catalogue.